Método Catártico como Psicanálise Breve

Rafael Duarte Oliveira Venancio

Publicação Independente na Amazon KDP
com apoio de
Caminhada Estelar | Espaço de Autoconhecimento e Expansão da Consciência
&
To the Moon | Soluções em Storytelling
Janeiro de 2022

Imagens de capa: Simone Lly (@usagilly no Instagram)

Disponível na Amazon em versão impressa e em e-book.

ISBN (versão impressa): 9798795738178

Sumário

O que é o método catártico?

O método catártico é descrito nos *Estudos sobre a Histeria*, de 1895, escrito por Sigmund Freud e seu colega Josef Breuer a partir das observações feitas em diversos casos clínicos, mas especialmente naquele que ficaria conhecido como "Anna O.".

Através daquilo que seria denominado "associação livre" e por uma postura de escuta do analista e de fala do paciente, haveria a possibilidade da terapia e cura do sintoma através de um processo de liberação da energia psíquica, produzindo uma catarse. Freud relembra que

"Breuer chamou nosso procedimento de catártico; o objetivo terapêutico explicitado era fazer com que o montante de afeto empregado na manutenção do sintoma, que caíra em trilhas erradas e nelas permanecera como que entalado, tomasse as vias normais, onde podia chegar à descarga (ab-reagir)." [1]

---

[1] FREUD, S. "Autobiografia". In: *Obras Completas volume 16*. São Paulo: Companhia das Letras, 2011, p. 95-96.

A ideia de denominar o método assim possui raízes na filosofia de Aristóteles:

"Catártico [é] o método de psicoterapia em que o efeito terapêutico visado é uma purgação (catharsis), uma descarga adequada dos afetos patogênicos. O tratamento permite ao sujeito evocar e até reviver os acontecimentos traumáticos a que esses afetos estão ligados e ab-reagi-los. (...) Catharsis é um termo grego que significa purificação, purgação. Foi utilizado por Aristóteles para designar o efeito produzido no espectador pela tragédia (...). Além dos efeitos catárticos que se encontram em toda psicanálise, convém assinalar que existem certos tipos de psicoterapia que visam antes de mais nada a catarse (...). O psicodrama, segundo Moreno, é definido como uma liberação dos conflitos interiores por meio da representação dramática." [2]

Dessa maneira, o método catártico é uma das psicoterapias breves que podem compor o todo psicanalítico, mas não na ideia original posta por Breuer, nem em considerações contundentes do próprio Freud.

---

[2] LAPLANCHE, J.; PONTALIS, J.-B. *Vocabulário de Psicanálise.* São Paulo: Martins, 1996, p. 60-62.

Afinal, o método catártico dos *Estudos sobre a Histeria* não leva em consideração a sexualidade, fato que mostrará um caminho para Freud teorizar a Primeira Tópica do Aparelho Psíquico (Consciente, Pré-Consciente e Inconsciente) bem como a teoria das repressões que será a pedra fundamental da Psicanálise.

Assim, a visão da catarse como psicanalítica é uma construção que muitos psicanalistas se dedicaram ao longo dos anos. Mostrá-la, teorizá-la e indicar como ela pode ser posta em prática na clínica é um dos objetivos do presente trabalho.

Inicialmente falaremos um pouco sobre a História daquilo que é conhecido como Pré-Psicanálise, ou seja, o período de trabalhos de Freud com a psique antes da escrita de *A Interpretação dos Sonhos* em 1899-1900.

Depois, abordaremos o conceito de psicoterapia breve e suas implicações na Psicanálise.

Apenas com essas considerações teóricas estaremos aptos a mostrar um uso psicanalítico breve do método catarse, bem como as formas da psicodinâmica da catarse ser utilizada em outras formas de psicoterapia.

Um pouco de história da Pré-Psicanálise

Muitos acreditam que a história da Psicanálise possui dois pilares apenas: o trabalho de Freud com o inconsciente a partir do livro *A Interpretação dos Sonhos* e da descoberta do papel da sexualidade na formação psíquica humana.

No entanto, Freud irá construir a Psicanálise enquanto um pesquisador já "maduro", de "meia-idade" diriam. Assim, tal como existe uma "Pré-História", existe uma "Pré-Psicanálise", ou seja, os momentos anteriores freudianos que irão conduzi-lo à Psicanálise.

Em uma visão ortodoxa, o método catártico é um período pré-psicanalítico, marcado pela publicação de um livro: *Estudos sobre a Histeria*. Por muito tempo, consideravam o livro apenas o engenho de Freud, sendo o seu co-autor, Josef Breuer, um mero figurante.

Muitos anos depois, Freud iria fazer uma afirmação pública sobre isso em sua Autobiografia:

"Se (...) o leitor acreditar que os 'Estudos sobre a histeria' são, no que têm de essencial, produto intelectual de Breuer, isso é exatamente o que sempre defendi e que faço constar também aqui (...). Breuer chamou nosso procedimento de catártico; o objetivo terapêutico explicitado era fazer com que o montante de afeto empregado na manutenção do sintoma, que caíra em trilhas erradas e nelas permanecera como que entalado, tomasse as vias normais, onde podia chegar à descarga (ab-reagir) (....) Pouco se fala da sexualidade na teoria da catarse, Nos casos clínicos que foram minha contribuição aos Estudos, fatores sexuais desempenham determinado papel, mas quase não recebem mais atenção do que outras excitações afetivas. Breuer disse de sua primeira paciente, que se tornaria famosa, que nela o elemento sexual era surpreendemente pouco desenvolvido. Pelos Estudos sobre a histeria não se descobriria facilmente a importância da sexualidade na etiologia das neuroses." [3]

Assim, o livro *Estudos sobre a Histeria* é, em suma, o produto de um caso que marcaria a vida de Josef Breuer,

---

[3] FREUD, S. "Autobiografia". In: *Obras Completas volume 16*. São Paulo: Companhia das Letras, 2011, p. 93.

fazendo-o criar o método catártico que Freud aplicaria e aprimoraria em sua clínica até descobrir o método psicanalítico.

Vamos, assim, contar essa história.

Nascido em 15 de janeiro de 1842 em Viena, Josef Breuer foi um fisiologista austríaco. Seu interesse primeiro foi o funcionamento dos pulmões e depois foi para a relação do ouvido e do equilíbrio do corpo (o funcionamento do labirinto).

Isso aproximou de sua clínica a jovem Bertha Pappenheim, que se encontrava, por momentos, sob uma paralisia temporária de fundo histérico. Nascida em 1859, Bertha virara paciente de Breuer aos 21 anos, em 1880. A moça entraria na História, em um primeiro momento, através do seu "nome clínico": Anna O.

"A paciente era uma jovem de educação e dotes incomuns, que adoecera enquanto cuidava do pai que muito amava. Quando Breuer a recebeu, ela apresentava um embaraçoso quadro de paralisias com contraturas, inibições e estados de confusão mental. Uma observação casual fez o médico perceber que ela poderia ser livrada daquelas turvações da consciência se ele a induzisse a expressar em

palavras a fantasia afetiva que no momento a dominava. A partir dessa experiência, Breuer chegou a um método de tratamento. Ele punha a paciente em hipnose profunda e a fazia contar o que lhe oprimia o espírito. Depois que os acessos de confusão depressiva eram superados dessa maneira, ele aplicava o mesmo procedimento para eliminar suas inibições e seus distúrbios físicos. "[4]

Inicialmente tratada apenas com hipnose por Breuer, Anna O. logo começava a se acalmar quando, em transe hipnótico, falava de sua vida passada, de sua infância e do fato de que tinha que cuidar do moribundo pai.

Um dia, Anna O. brincou que esse ato de falar era quase uma "limpeza de chaminé", limpando a sujeira de sua mente. Em outro dia, ela falou que Breuer estava curando-a pela fala. Era o começo daquilo que Freud denominaria anos depois como "associação livre", um pilar tanto do método catártico como da Psicanálise como um todo.

"Associação Livre [é um] método que consiste em exprimir indiscriminadamente todos os pensamentos que

---

[4] FREUD, S. "Autobiografia". In: *Obras Completas volume 16*. São Paulo: Companhia das Letras, 2011, p. 93.

ocorrem ao espírito, quer a partir de um elemento dado (palavra, número, imagem de um sonho, qualquer representação), quer de forma espontânea. O processo de associação livre é constitutivo da técnica psicanalítica. Não é possível definir uma data exata de sua descoberta, que se deu de modo progressivo entre 1892 e 1898, e por diversos caminhos. Como é demonstrado pelos "Estudos sobre a Histeria", a associação livre emana de métodos pré-analíticos de investigação do inconsciente que recorriam à sugestão e à concentração mental do paciente em uma determinada representação (...) Paralelamente, Freud utiliza o processo de associação livre na sua auto-análise e particularmente na análise dos seus sonhos. Aqui, é um elemento do sonho que serve de ponto de partida para a descoberta de cadeias associativas que levam aos pensamentos do sonho (...). O termo "livre" na expressão "associação livre" exige a seguinte observação: mesmo nos casos em que o ponto de partida é fornecido por uma palavra indutora (experiência de Zurique [do método de Jung para interpretar sonhos]) ou por um elemento do sonho (método de Freud em "A Interpretação dos Sonhos"), pode-se considerar livre o desenrolar das associações na medida em que esse desenrolar não é orientado e controlado por uma intenção seletiva." [5]

Breuer não relata inicialmente suas descobertas pois logo se vê intrincado em um jogo erótico entre médico e paciente. Certo dia, em 1882, Anna fala que estava parindo o filho dele. Isso assusta Breuer que logo recomenda a internação de Anna O..

Breuer e Freud se conhecem - graças à grande diferença de idade - em posições diferentes na Universidade de Viena. O primeiro era um colega do professor Brücke, um dos inventores da psicodinâmica, o segundo o pupilo. Muitos anos depois, inclusive passado anos após a visita de Freud a Charcot em 1886, Breuer comenta o caso Anna O. para Freud em uma situação social.

Freud que, aos poucos, retomava a atividade científica após uma pausa de cinco anos para se estruturar financeiramente, fica intrigado. Os dois publicam estudos sobre o caso que, junto com outros, vira um livro de estudos sobre a Histeria em 1895.

---

[5] LAPLANCHE, J.; PONTALIS, J.-B. *Vocabulário de Psicanálise.* São Paulo: Martins, 1996, p. 38-39.

"Escrevendo sobre Anna O. em 1895, Breuer casualmente disse que ele havia 'suprimido um grande número de detalhes bastante interessantes'. Como sabemos a partir da correspondência de Freud, eram mais do que simplesmente interessantes: eles constituem as razões pelas quais Breuer mostrara de início tanta relutância em divulgar o caso. Uma coisa era reconhecer os sintomas de conversão histérica como reação significativa a traumas específicos, e a neurose não como simples desabrochar de alguma tendência hereditária (...). Outra coisa totalmente diferente era admitir que as origens últimas da histeria, e algumas de suas manifestações ostensivas, eram de natureza sexual. 'Confesso', escreveu Breuer posteriormente, 'que o mergulho na sexualidade, na teoria e na prática, não é para meu gosto.' A história completa de Anna O., à qual Freud aludira aqui e ali com expressões veladas, era um teatro erótico que Breuer considerou excessivamente desconcertante." [6]

O que incomodava Breuer é que uma das situações histéricas comuns no fim da análise com Anna O. simulava

---

[6] GAY, P. *Freud: Uma vida para o nosso tempo.* São Paulo: Companhia das Letras, 1995, p. 77.

um parto que Anna dizia ser do "filho do Doutor Breuer". Em uma carta para um amigo pessoal, Freud menciona que Breuer tinha naquele momento histérico "a chave da Psicanálise na mão", mas deixou cair por causa do "horror convencional". Em breve termos, Freud descreve o salto da catarse para Psicanálise:

"Minha expectativa se cumpriu; libertei-me do hipnotismo, mas com a mudança da técnica também o trabalho da catarse mudou o seu aspecto. O hipnotismo havia encoberto um jogo de forças que então se revelava, e cuja compreensão dava à teoria um fundamento seguro (...). Para ficar em um exemplo fácil, digamos que aparece na vida psíquica uma única tendência, à qual outras tendências poderosas se opõem. Segundo nossa expectativa, o conflito psíquico que então surge deveria transcorrer de modo que as duas grandezas dinâmicas - vamos chamá-las, para nossos propósitos, 'instinto' [pulsão] e 'resistência' - lutassem entre si por algum tempo, com forte participação da consciência, até que o instinto fosse rechaçado, sendo retirado o investimento de energia de sua tendência. Esta seria a solução normal. Mas na neurose - por razões ainda não conhecidas - o conflito tem outro desfecho. O Eu como

que se retrai no primeiro encontro com o impulso instintual repulsivo, barra-lhe o acesso à consciência e à descarga motora direta, mas este conserva seu pleno investimento de energia. Denominei este processo 'repressão'. Era algo novo, nada semelhante a ele fora notado antes na vida psíquica. Era claramente um mecanismo de defesa primário, comparável a uma tentativa de fuga, um precursor do julgamento condenatório normal. O primeiro ato de repressão implicava outras consequências. Em primeiro lugar, o Eu tinha que se proteger do contínuo assédio do impulso reprimido, mediante um permanente dispêndio [de energia], um 'contrainvestimento', assim se empobrecendo; por outro lado, o reprimido, que então era inconsciente, podia achar descarga e satisfação substituitiva por outras vias, desse modo fazendo gorar a intenção da repressão. Na histeria de conversão essa outra via conduz à inervação somática, o impulso reprimido irrompe em qualquer lugar e cria os sintomas, que são resultados de compromissos; certamente satisfações substitutivas, mas deformadas e desviadas de sua meta pela resistência do Eu." [7]

---

[7] FREUD, S. "Autobiografia". In: *Obras Completas volume 16*. São Paulo: Companhia das Letras, 2011, p. 104-106.

Assim, não era mais uma questão catártica em si. Freud inicia, então, a construção da metapsicologia (os conceitos fundamentais e as teorias de funcionamento psicodinâmico) que montará a Psicanálise. Apesar dos "sonhos" estarem no título do livro fundante da Psicanálise, é a repressão a principal chave de leitura psicanalítica.

"A teoria da repressão tornou-se o pilar da compreensão das neuroses. A tarefa da terapia teve de ser concebida de outra forma, seu objetivo não era mais 'abreagir' o afeto que enveredara por vias erradas, mas sim desvendar as repressões e substituí-las por operações de julgamento que poderiam resultar na aceitação ou rejeição do que fora repudiado. Considerando esse novo estado de coisas, não mais chamei de catarse o procedimento de investigação e cura, e sim de psicanálise. Pode-se partir da repressão, como de um centro, e pôr em relação com ela todos os elementos da teoria psicanalítica." [8]

Breuer nunca admitiu essa visão psicanalítica e, pouco antes da publicação de *A Interpretação dos Sonhos*

---

[8] FREUD, S. "Autobiografia". In: *Obras Completas volume 16*. São Paulo: Companhia das Letras, 2011, p. 106-107.

em 1900, ele já se afastara de Freud, chegando a criticá-lo a colegas. Freud, por outro lado, sempre mencionou Breuer como um valioso contribuidor para a Psicanálise, sendo o método catártico uma das bases metapsicológicas da livre associação.

O médico Breuer falece em 1925, sendo o interesse sobre a sua vida retomado quando, em 1992, o psicanalista Irvin D. Yalom cria a ficção histórica *Quando Nietzsche Chorou* mostrando as relações alegóricas da Psicanálise com Breuer e com o niilismo filosófico.

O método catártico de Breuer ganharia certa fama após a Primeira Guerra Mundial onde inicia uma forma de tratamento breve aos traumas de guerra, especialmente com aqueles soldados que sofreram com intermináveis anos de trincheiras, bombardeios e gases tóxicos.

Já Bertha Pappenheim - a quem Freud sempre se referia como conquistando coisas grandiosas após a sua cura - conseguiu equacionar suas dores psíquicas. Tornou-se uma das primeiras feministas de origem judia, lutando contra o tráfico de mulheres em famosa campanha internacional em 1902, bem como sendo a fundadora da Associação de Mulheres Judias, uma das primeiras organizações de serviço social voltada para a igualdade de gênero.

Ela falece em 1936 no começo da intensificação da perseguição nazista aos judeus. Já idosa e doente, ela é obrigada a depor em uma delegacia sobre uma fofoca de que alguém em sua casa (que também servia de abrigo para meninas abandonadas) maldissera Hitler. Ela se recusou de início, mas depois, para evitar qualquer represália contra uma menina do abrigo, fez um depoimento oficial, fazendo com que a polícia arquivasse o inquérito.

Menos de um ano após sua morte, o abrigo fora fechado, ficando poucos no local "à revelia". Em 1938, os nazistas incendeiam parte da casa, sendo ela reformada também à revelia das autoridades. Em 1942, quem ali vivia fora preso e mandado para morte em campos de concentração, especialmente o de Theresienstadt. A líder após a morte de Bertha, Hannah Karminski (quarenta anos mais jovem que Bertha e que nutria uma relação de amizade muito próxima desde 1924), morre no campo de extermínio de Auschwitz-Birkenau em 1943.

O conceito de Psicoterapia Breve

Antes de apresentar as relações atuais que a catarse (e o método catártico) possui com a Psicanálise, é importante teorizar um conceito dentro das formas psicodinâmicas: a "Psicoterapia Breve".

"Psicoterapia Breve (...) se trata de um tipo de tratamento psicológico que tem foco e tempo determinados. A atenção deve recair sobre uma queixa específica do paciente, que será trabalhada após uma análise do seu quadro. Para isso, já nas primeiras consultas é definido um foco, bem como as estratégias para alcançá-lo. Nesse sentido, a psicoterapia breve se divide em três modalidades:

1. Estrutural ou de impulso: Nessa modalidade são utilizadas entrevistas e testes psicológicos, com a finalidade de elaborar um diagnóstico de conflito primário associado ao problema principal do paciente. Baseado nisso, será feito um trabalho terapêutico com duração e finalidade determinadas.

2. Relacional: Já nesse caso, preocupa-se menos com a técnica, com o tempo e com critérios, dando mais importância ao momento presente e à experiência particular do paciente.

3. Integrativo ou eclético: Por fim, nessa modalidade o psicoterapeuta utiliza vários recursos, que, posteriormente, serão analisados e adaptados à situação atual do paciente. O foco, de toda forma, sempre será a necessidade do paciente.

Como funciona a psicoterapia breve? Nessa abordagem, a figura do psicoterapeuta é bem diferente do que é visto na psicanálise. Enquanto, nessa, a postura é mais neutra e passiva, na psicoterapia breve o especialista se expressa mais, assumindo uma postura mais ativa e com maior número de intervenções.

Basicamente, a pessoa vai ao consultório, explica por que está procurando ajuda psicológica e diz qual questão deseja trabalhar. Em seguida, acerta com o profissional o número de sessões e o problema específico que será discutido." [9]

---

[9] ACT INSTITUTE. "O que é psicoterapia breve?", 2017. Disponível em: https://actinstitute.org/o-que-e-psicoterapia-breve/

A Psicoterapia Breve, apesar de estar em alta e em consonância com os tempos atuais, causa alguns ruídos com psicanalistas e, até mesmo, com outros profissionais vinculados às práticas de alívio das dores psíquicas (psiquiatras, psicólogos e psicoterapeutas). Isso é devido à noção de que a análise seria algo contínuo e sem foco (a famosa análise interminável do texto clássico de Freud), não algo breve e focado.

No entanto, a Psicoterapia Breve, quando feita com ciência de causa e um bom exame da proposta terapêutica, é um recurso valoroso.

Uma das principais defensoras dela no Brasil – inclusive em um contexto de uma clínica psicanalítica – é a psicanalista Haydée C. Kahtuni.

Para ela, a Psicoterapia Breve é um recurso que não deve ser visto apenas como mercadológico (menos sessões, mais barato), mas sim uma ferramenta que promove uma ampliação dos tratamentos adequando com os diversos tipos de experiências humanas existentes.

"Ponto fundamental deste trabalho é a ênfase de se adequar a Psicoterapia Breve a determinadas situações psíquicas apresentadas pelos pacientes, escapando de uma

certa visão de senso comum de que a Psicoterapia Breve seria um procedimento psicoterápico mais econômico, simples e barato, utilizável para a camada da população menos favorecida economicamente.

Abre-se então uma discussão sobre o fato de que passa a ser necessário não inserir o paciente em um único modelo de psicoterapia, mas sim, levar em conta a singularidade e a história de vida daquele que busca ajuda para realizarmos uma indicação e trabalho adequados para essa pessoa." [10]

Mas, quando indicar a Psicoterapia Breve?

Bom, falando na Psicoterapia Breve em geral (ou seja, de qualquer linha psicodinâmica), Kahtuni se baseia nas quatro condições fundamentais postas pelo psicanalista e psicoterapeuta suíço Edmond Gilliéron, um dos principais proponentes da Psicoterapia Breve no mundo.

Gilliéron se tornou notado por realizar técnicas que sempre se consistiam em quatro sessões. E, para ele, a opção por essas quatro sessões estaria quando quatro

---

[10] KAHTUNI, H. C. *Psicoterapia Breve Psicanalítica*. São Paulo: Escuta, 2000.

condições fundamentais fossem detectadas na entrevista inicial:

"(1) Paciente com ego forte (a maior parte das funções egóicas devem estar intactas);

(2) Boa motivação (o paciente deve apresentar uma disposição ativa para mudanças interiores);

(3) Possibilidade de delimitar um foco (implica uma compreensão rápida dos problemas principais e boa utilização das interpretações focais feitas pelo terapeuta);

(4) sólida aliança terapêutica entre terapeuta e paciente.

As contraindicações estendem-se genericamente aos pré-psicóticos (por não entenderem a limitação temporal) e aos obsessivos (que utilizam o limite de tempo como uma resistência)." [11]

No entanto, como poderíamos pensar em uma Psicanálise Breve tendo a catarse como foco? Isso não seria um retrocesso? São perguntas para o próximo capítulo do presente trabalho.

---

[11] KAHTUNI, H. C. *Psicoterapia Breve Psicanalítica*. São Paulo: Escuta, 2000, p. 68.

Catarse como Psicanálise Breve

Conforme dissemos, o caso "Anna O." tanto uniu Freud e Breuer para construir o método catártico, que daria à Psicanálise a noção de livre associação, bem como o separou, possibilitando que Sigmund criasse o método psicanalítico a partir da consideração acerca da sexualidade como fundante da psique, bem como a teoria das repressões.

Também dissemos que a Psicanálise normalmente é vista como uma proposta oposta à Psicoterapia Breve, afinal a primeira é contínua, "interminável" e sem foco, e a segunda é delimitada temporalmente e focada.

Então como é possível ver a catarse como uma forma de Psicanálise Breve? Existe uma Psicanálise Breve? Há um lugar para a catarse na Psicanálise?

Muitas questões tals como as outras postas em capítulos anteriores, mas vamos entender primeiro a questão da Psicanálise Breve. Conforme Kahtuni nos coloca,

"Vimos no histórico do desenvolvimento técnico da psicanálise [uso de hipnose, método catártico], o que se pode chamar de inspiração para a Psicoterapia Breve. É o

próprio Freud quem levanta questões que demonstram sua eterna preocupação com a duração dos tratamentos. Ao mesmo tempo, sua teoria aponta fenômenos que polemizam e dificultam a aceitação de uma prática de Psicoterapia Breve, criando resistência em muitos psicanalistas. Por exemplo, a questão da atemporalidade dos processos inconscientes, a lentidão das modificações profundas etc.

Entretanto, são estes mesmos fenômenos que, aliados ao fator econômico, me levam a repensar nossa prática psicoterapêutica em termos de possibilidades e viabilidade. Principalmente quando nos deparamos com realidades concretas e institucionais, tais como:

(1) Situações emergenciais de crise (sejam elas circunstanciais ou de desenvolvimento) que exigem rápida intervenção terapêutica;

(2) Necessidade de atendimento de um grande número de pessoas;

(3) Expectativa de atendimento mais rápido por parte do paciente, dos profissionais envolvidos e da instituição como um todo;

(4) Condições socioeconômicas precárias da maioria da população atendida;

(5) Configuração psíquica favorável da maioria dos pacientes que procuram uma instituição.

Diante dessa realidade, percebi imensa dificuldade para a prática metodológica psicanalítica que não trabalha com tempo limitado, tornando-se contra-indicada para o paciente em crise aguda" [12]

Assim, é uma demanda dos tempos atuais que a Psicanálise também seja possível de ser "Breve". No entanto, será que isso é necessário? Kahtuni ressalta que

"O trabalho com Psicoterapia Breve pode ser apoiado em outras teorias além da Psicanalítica. Mas é imprescindível que se tenha um referencial teórico para avaliação e compreensão da psicodinâmica do paciente e posterior intervenção terapêutica. (...)

Ao buscarmos alicerce teórico na Psicanálise, queremos dizer que a visão, compreensão e avaliação psicodinâmica dos pacientes é formulada segundo a ótica da metapsicologia freudiana e que as intervenções e os

---

[12] KAHTUNI, H. C. *Psicoterapia Breve Psicanalítica*. São Paulo: Escuta, 2000, p. 60.

procedimentos psicoterápicos seguem as principais técnicas características da Psicoterapia Breve." [13]

E é assim que a catarse (e o método catártico) entra enquanto relevante como ponte de união entre esses dois mundos vistos como "à parte". O método catártico é uma forma de Psicoterapia Breve tal como Breuer provou com os seus pacientes vindos de traumas da Primeira Guerra Mundial, bem como também é uma das raízes freudianas da Psicanálise.

"Freud e Breuer acreditavam que a catarse, associada à lembrança do fator traumático, levavam ao desaparecimento dos sintomas. Por meio da representação dramática da cena traumática original, o paciente se livraria de um corpo estranho psíquico (suas lembranças traumáticas e reprimidas e os afetos nelas contidos), assim como o organismo se livra de um agente tóxico pela ingestão de um remédio.

Nesta fase, Freud considerava que a causa da neurose encontrava-se num trauma psíquico. Sua teoria do

---

[13] KAHTUNI, H. C. *Psicoterapia Breve Psicanalítica.* São Paulo: Escuta, 2000, p. 142.

trauma admitia que teria havido algum acontecimento perturbador na vida precoce de um indivíduo que, na época, não pôde responde-lo adequadamente.

(...)

Baseado na teoria do trauma, Freud achava que a tarefa do terapeuta consistia em seguir o caminho patogênico dos sintomas, mas em sentido inverso. Melhor dizendo, cabia ao terapeuta desfazer a conversão somática (o sintoma histérico), "ligando" o afeto reprimido e fixado em algum órgão corporal à representação do trauma original que permanecia inconsciente.

O objetivo seria então fazer com que o paciente recordasse o suposto incidente traumático e conseguisse uma reação adequada, quer dizer, uma descarga emocional ou catarse." [14]

Como isso funcionaria nos tempos atuais? Como o método catártico pode ser, para os padrões atuais, psicanalítico?

---

[14] KAHTUNI, H. C. *Psicoterapia Breve Psicanalítica*. São Paulo: Escuta, 2000.

Uma proposta de catarse psicanalítica

Inspirados na proposta de uma Psicoterapia Breve Psicanalítica elaborada por Kahtuni, descrevemos aqui a nossa proposta de colocarmos a catarse dentro de um escopo psicanalítico breve.

Kahtuni disseca o Psicoterapia Breve Psicanalítica em cinco conceitos, claramente inspirados na clínica descrita por Freud em *A Interpretação dos Sonhos*:

1. Queixa latente
2. Queixa manifesta
3. Situação problema
4. Ponto de urgência
5. Foco

A queixa latente é a razão de ser da dor psíquica. Aquilo que está como origem do recalcado no inconsciente, proveniente de um trauma e/ou situação formativa não resolvida.

A queixa manifesta é aquilo que, após elaborações do pré-consciente (e superego), a pessoa acredita, conscientemente, ser a razão de ser da dor psíquica. Na verdade, é apenas um sintoma.

A situação problema é quando a queixa manifesta se apresenta como sintoma no dia-a-dia, na realidade do analisando.

O ponto de urgência é onde a queixa latente se torna mais visível, sendo um sintoma que aparece de maneira sutil, sem controle do superego, tais como sonhos, atos falhos, crises psicossomáticas, etc. São ações do id, por isso, para o analisando, de maneira consciente, não há ligação entre o ponto de urgência e a situação problema, sendo coisas de ordens distintas. Ele não consegue ver esses sintomas (ponto de urgência) como parte de sua queixa tal como vê a situação problema.

Por fim, o foco é a proposta de psicoterapia que o psicanalista faz para desvelar a queixa latente e buscar auxiliar a autoelaboração e o autoconhecimento do analisando.

Se pensarmos em um esquema, vemos que o analisando chega na clínica com sua dor psíquica estruturada nos primeiros quatro conceitos.

Elas possuem uma relação semiquadrilátera entre si, indicando uma falta (logo, a dor psíquica), sendo a queixa latente e o ponto de urgência consideradas "mensagens" do inconsciente, enquanto a queixa manifesta e a situação problema do sistema consciente.

De maneira esquemática, seria algo mais ou menos assim:

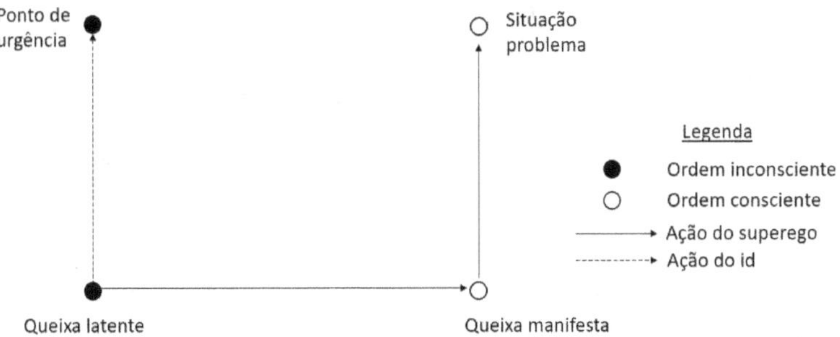

Assim, a psicoterapia breve psicanalítica inserira um foco para conectar o ponto de urgência à situação problema, desvelando a queixa latente. Enquanto a conexão feita pelo foco seria via "escuta ativa" e "associação livre", (ou seja, a essência do método psicanalítico que, através da escuta com perguntas pontuais e visando que o analisando faça livremente associações em sua fala), o desvelamento da queixa latente, no nosso caso, seria via catarse.

Com isso, a queixa latente viria à tona e a psicoterapia breve psicanalítica através do método catártico promoveria uma completude e um encerramento psíquico da questão.

De maneira esquemática, seria algo mais ou menos assim:

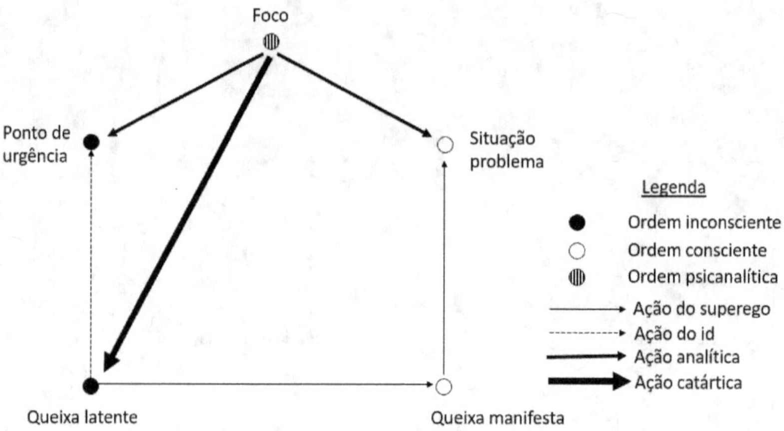

Vamos compreender como isso se dá na clínica com o auxílio de um exemplo.

Um exemplo de catarse psicanalítica

Para mostrar como que os cinco conceitos operam, descrevemos aqui um pequeno caso clínico que vivenciei.

Y. é uma jovem em seus 25 anos, mora em São Paulo-SP, mas é proveniente do interior do Estado. Possui um relacionamento sério com um namorado, alternando sua moradia entre casas devido ao fato da família do namorado residir na mesma cidade.

Ela chegou à clínica como um queixa de não poder se dedicar aos seus próprios projetos artísticos, sempre tendo que colaborar em projetos e rotinas de outros. Isso lhe causava dúvidas sobre sua capacidade de ser artista e de seu eu criativo. Essa é a **queixa manifesta.**

A **situação problema** que trouxe foi dos projetos e compromissos profissionais que ela possui com o namorado, que não parece se dedicar muito às questões como pontualidade, inclusive em relação a assuntos privados como o horário de refeições com os seus pais, etc.

Foi proposto o atendimento de 4 sessões, uma por semana, durante um mês. Em uma das sessões, foi proposta uma **questão catártica** como **foco.**

Questão catártica é quando tentamos promover a catarse através de questionamentos. É uma das melhores maneiras de promover a catarse de maneira psicanalítica pois fica dentro do requadro da escuta ativa e da associação livre. Normalmente é uma questão corriqueira, vista em outros lugares (tais como redes sociais, imprensa, ditos populares), para que ela possa se revestir de **ponto de urgência**.

A questão catártica direcionada à Y. foi uma bem comum: "O que você faria se ganhasse na Mega Sena?".

Ela disse que isso já for a algo de seu pensamento e que ela sempre pensou em usar o dinheiro em cursos, viagens para formação profissional e patrocionar inúmeros teatros que ela conhece e que fazem trabalhos que ela considera excelentes. O ponto de urgência estava estabelecido.

Nisso, foi feito o **gatilho catártico** – uma atividade do psicanalista semelhante ao famoso "corte lacaniano" – onde o analista considerou à Y. de como ela podia reclamar de que ela ficava à mercê de servir aos outros se, quando se imagina em uma situação de maior independência (ganhar na Mega Sena), ela se propõe ajudar os outros (financiar teatros e companhias de teatro que ela conhece) e não ao seu próprio trabalho (abrir seu próprio teatro, por exemplo).

Nisso, houve a ação catártica que desvelou para Y. o que de fato acontecia: ela não se sentia verdadeiramente preparada por causa de sua formação pouco ortodoxa no mundo artístico, bem como por causa do seu histórico familiar conturbado com os pais que lhe dava certa insegurança diante de famílias mais estruturadas. Essa era a **queixa latente.**

A partir dessa atividade psicanalítica breve com o método catártico, Y. relatou uma melhoria em seus projetos pessoais e um novo ânimo para se desafiar. Também mostrou comprometimento em continuar a busca pela psicoterapia, mostrando que a Psicoterapia Breve pode ser um início de um processo psicanalítico um pouco mais convencional baseada na análise interminável do ser.

A catarse de Y. foi no nível do insight, causando certa euforia na fala. Não é a catarse que muitos estão acostumados em psicoterapias tais como as emoções exacerbadas nas constelações familiares ou situações mais teatrais tal como a prática da cadeira vazia utilizada tanto pelo psicodrama como pela Gestalt-terapia.

Isso não significa que a psicanálise, ao se utilizar da catarse, não desembocará em emoções fortes. Desde seja promovida a partir de princípios éticos da psicanálise e da conduta humana de busca pelo autoconhecimento e expansão da consciência, a catarse pode ser psicanalítica sendo ela no nível sutil do insight ou o nível exacerbado de emoções vívidas.

Dicas de leitura

Nesta seção, há aqui algumas dicas de leitura para ampliar os seus conhecimentos nos assuntos tratados neste livro.

Introdução à metapsicologia freudiana 1: Sobre as afasias (1891) / O projeto de 1895

Luiz Alfredo Garcia-Roza

Zahar, 1991

Sinopse fornecida pela Editora: "A proposta dessa Introdução à Metapsicologia não é, a partir de um lugar exterior, apontar caminhos que conduzam o leitor a uma verdade já pronta. Trata-se, sim, de introduzi-lo na cozinha da "bruxa", termo com que Freud se refere à metapsicologia. Os volumes pautam-se pelos textos balizadores da construção teórica freudiana, momentos de criação de conceitos fundamentais".

Freud (1893-1895) - Obras completas volume 2: **Estudos sobre a histeria**

Sigmund Freud

Companhia das Letras, 2016

Sinopse fornecida pela Editora: "No final do século XIX as neuroses que se manifestavam por meio de somatizações, alucinações e angústias eram chamadas de "histerias". Para estudar esse fenômeno, Freud escreveu junto com o médico Breuer os Estudos sobre a histeria - obra essencial para a compreensão da psicanálise. Relatando os casos de cinco pacientes - entre elas a célebre Anna O. -, eles argumentam que os histéricos sofrem por haverem sufocado a memória dos eventos que originaram a doença. É preciso, então, trazer à luz esses traumas, inicialmente por meio da hipnose. Mas, como isso não funciona com alguns pacientes, Freud passa a recorrer à associação livre, tornando seu método ainda mais complexo."

Quando Nietzsche chorou

Irvin D. Yalom

Harper Collins, 2019

Sinopse fornecida pela Editora: "No final do século XIX, Josef Breuer parece estar no auge de sua carreira após curar uma paciente com seu novo método de tratamento, a "terapia através da conversa". No entanto, isso também se revela um grande tormento, pois ele desenvolve obsessivas fantasias sexuais com sua paciente, que causam a ele insônia e pesadelos. De férias em Veneza, Breuer encontra uma jovem russa que lhe pede um favor: tratar a depressão suicida do amigo Friedrich Nietzsche. A partir do encontro dos dois homens, o que se estabelece é uma relação na qual as funções de médico e paciente se confundem, pois, assim como o filósofo consegue alívio para suas angústias, Breuer também encontra, na filosofia de Nietzsche, algumas respostas para as próprias dores existenciais."

Psicoterapia Breve Psicanalítica

Haydée C. Kahtuni

Escuta, 2000

Sinopse fornecida pela Editora: "O psicólogo, em sua prática clínica, freqüentemente se depara com a urgência de encontrar os instrumentos necessários para auxiliar o seu paciente em sofrimento psíquico. Na tentativa de dar conta da intensa demanda de pacientes em crise, surgem os trabalhos sobre psicoterapia breve. É neste campo de investigações que tem trabalhado a autora, fundamentada na metapsicologia freudiana."

CONHEÇA O PSICANÁLISE PARA NÃO-PSICANALISTAS

Muito mais que uma prática para psicoterapeutas, a Psicanálise é uma visão de mundo inaugurada por Sigmund Freud a partir da sua descoberta do Inconsciente.

Em 16 módulos liberados semanalmente, somando, no total, mais de 20 horas entre videoaulas e material didático digital, o psicanalista Rafael Duarte Oliveira Venancio apresenta os conceitos da Psicanálise Freudiana para aqueles que desejam aplicar a Psicanálise em situações não-psicanalíticas como forma de Autoconhecimento, tais como práticas holísticas (Astrologia, Tarô, entre outras), religiosas/espirituais (cristãs, cabalísticas, espiritualistas) ou mesmo no dia-a-dia, no trabalho, com família e amigos.

Serão abordados temas, entre outros, sobre o que é Psicanálise?; Ego e Consciência; Id e Inconsciente; Superego e censuras; Libido e Desejo; Ideal de ego e Ego ideal; Princípio do Prazer (Eros) e de Morte (Tânato); Neurose, Psicose e Defesas; Relações de Objeto; Sonhos; Associação Livre; Narcisismo; Luto e melancolia; bem como um contexto sobre a Clínica psicanalítica.

O acesso é vitalício, podendo o aluno assistir quando quiser e quantas vezes quiser. Possui emissão de certificado.

VOCÊ QUE É ALUNO DO CAMINHADA ESTELAR POSSUI UM DESCONTO DE 30% NO CURSO.

Acesse : https://pay.hotmart.com/G63088568V?off=dzhlo9id

SOBRE ESTE LIVRO

O método catártico é descrito nos *Estudos sobre a Histeria*, de 1895, escrito por Sigmund Freud e seu colega Josef Breuer a partir das observações feitas em diversos casos clínicos, mas especialmente naquele que ficaria conhecido como "Anna O.".

Através daquilo que seria denominado "associação livre" e por uma postura de escuta do analista e de fala do paciente, haveria a possibilidade da terapia e cura do sintoma através de um processo de liberação da energia psíquica, produzindo uma catarse.

Dentro de um contexto de Psicoterapia Breve e como ela pode ser utilizada pela Psicanálise, o presente livro busca definir o que é o método catártico, descrever um pouco de história da Pré-Psicanálise e demarcar o conceito de Psicoterapia Breve. Tudo isso para encarar a catarse como Psicanálise Breve, delineando uma proposta de catarse psicanalítica, exemplificada através de um caso clínico.

SOBRE O AUTOR

Rafael Duarte Oliveira Venancio é escritor, dramaturgo, psicanalista, astrólogo, psicoterapeuta holístico e professor, além de storyteller-chief da To the Moon | Soluções em Storytelling e co-idealizador do Caminhada Estelar - Espaço de Autoconhecimento e Expansão da Consciência.

É Doutor em Meios e Processos Audiovisuais pela Escola de Comunicações e Artes da Universidade de São Paulo (ECA/USP), onde também se formou Mestre em Ciências da Comunicação e Bacharel em Comunicação Social - Habilitação em Jornalismo, além de possuir licenciatura em História pela FIAR-CESUAR. Cumpriu entre 2019 e 2020, o estágio de pós-doutorado em Ficção e Dramaturgia Radiofônica na própria USP.

Enquanto escritor e dramaturgo, publicou uma centena de livros enquanto autor independente e por editoras tradicionais em quatro línguas. Suas peças de teatro e de radioteatro foram encenadas em três línguas em sete países. Seus temas mais frequentes são ficção e reimaginação histórica, metadramaturgia, história do futebol e storytelling filosófico. No campo da Psicanálise, trabalha como pesquisador e crítico psicanalítico em Educação, Comunicação, Arte e Cultura desde 2005. Possui certificações no campo psicoterapêutico e astrológico no Brasil e no exterior, sendo membro efetivo da Astrological Psychology Association.

Lattes: http://lattes.cnpq.br/3649723115710339
Facebook e Twitter: @rdovenancio
Instagram: @rafaeldovenancio
www.rdovenancio.com.br

SOBRE O CAMINHADA ESTELAR | ESPAÇO DE AUTOCONHECIMENTO E EXPANSÃO DA CONSCIÊNCIA

O Caminhada Estelar é um Espaço de Autoconhecimento e Expansão da Consciência fundado em 2021 pelo casal Simone Lly e Rafael Duarte Oliveira Venancio.

A proposta do Caminhada Estelar é de ser um espaço onde concentramos nossos atendimentos, cursos e grupos de estudo.

Além disso, é um lugar onde postamos assuntos relacionados, frases inspiradoras e meditações guiadas. Acompanhe sempre o nosso blog (www.caminhadaestelar.com.br) e siga a gente no Instagram (@caminhadaestelar).

SOBRE A TO THE MOON | SOLUÇÕES EM STORYTELLING

Contamos histórias e estórias...
Ensinamos a contar histórias...
Sonhamos com mais estórias.

Ir para a Lua. Esta, talvez, seja a metáfora mais importante dentro do mundo daqueles que se preocupam com a imaginação e com as boas histórias. Imaginação essa que pode ser literária tal como a de Jules Verne, pode ser artística tal como a de George Meliès ou pode ser, até mesmo, tecnológica e desbravadora tal como aquela que possibilitou o feito de Neil Armstrong.

Walter Benjamin nos lembra que a narração é uma característica humana em extinção, apesar de necessária. O problema não é que não temos mais um público interessado nas boas histórias e estórias. Pelo contrário. Não temos mais narradores.

Neste contexto, surge a To the Moon: Soluções em Storytelling. Trabalhamos em 3 frentes para buscar um mundo com mais histórias contadas: (1) Criamos materiais tais como livros, ebooks e podcasts para demonstrar novas formas de ficção e de uso enquanto material didático para quem deseja entrar nesse mundo, não importando a linguagem midiática; (2) Ensinamos com oficinas, palestras e cursos EAD o exercício do storytelling e da narratologia, que são as ferramentas para criar autores e narradores; e (3) Disponibilizamos serviços editoriais e de tutoria para autores, que vão da ajuda inicial até a publicação de livros, ebooks e podcasts, para que novas histórias e estórias venham à tona.

Conheça mais o nosso trabalho e faça um orçamento!

To the Moon | Soluções em Storytelling
Site:https://tothemoonstorytelling.blogspot.com
Twitter e Instagram: @ToTheMoonStory
E-mail: tothemoon.storytelling@gmail.com

www.ingramcontent.com/pod-product-compliance
Lightning Source LLC
Chambersburg PA
CBHW070213260726
48658CB00006BA/2063